LA
CHAMBRE DES PAIRS

ET

LES MINISTRES.

✳

Faites que l'acquittement de l'impôt soit possible,
par le moyen que nous vous avons dit être la
condition de notre existence politique.

✳

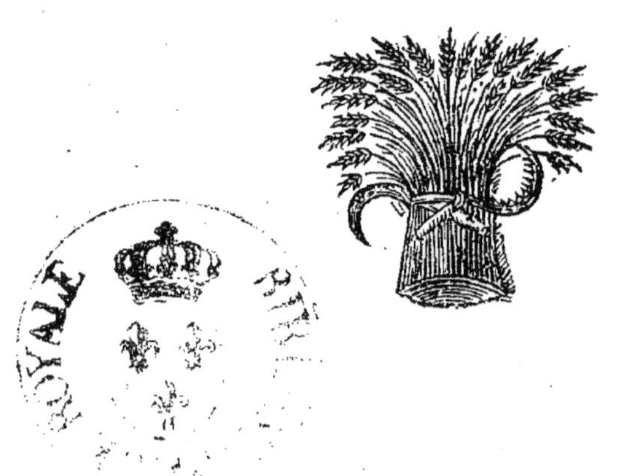

PARIS.

IMPRIMERIE ET FONDERIE DE FAIN,

RUE RACINE, N°. 4, PLACE DE L'ODÉON.

1829.

Palais du Petit-Luxembourg, le 24 juillet 1829.

A M. CORRADI, *rue Saint-Hyacinthe-Saint-Michel, n°. 25.*

J'ai reçu, Monsieur, avec la lettre que vous m'avez adressée, les 300 exemplaires de votre écrit intitulé : *La Chambre des Pairs et les Ministres.* J'en ai de suite ordonné la distribution, qui a été faite hier à MM. les Pairs de France.

Recevez, etc.

Le Chancelier de France,   *Signé* DAMBRAY.

Réflexions depuis l'apparition du nouveau ministère.

Dans cet écrit, qui est une continuelle accusation du ministère Villèle par la Chambre des Pairs, on n'avait en vue que de stimuler le ministère Martignac. Qui aurait jamais pu croire, après le retrait des lois municipale et départementale, à une chute aussi prompte, et que le festin de ce budget était préparé pour des jésuites ! On concevrait le ministère de La Bou*** si *la Quotidienne* et *la Gazette* eussent été les deux seuls journaux publiés en France depuis la restauration. Mais comme ces deux feuilles sont restées aussi étrangères à la généralité des citoyens que si elles eussent été imprimées en Chine, il en résulte que le ministère de La Bou*** est le plus antinational qui pourra avoir jamais existé, et que, pour l'association territoriale, qui est une affaire de confiance publique, fille du repos et de la stabilité, il faut attendre la nomination d'un autre ministère qui ne pourra tarder, à moins que les conseillers et les courtisans ne veuillent se faire un jeu des catastrophes. Ah ! mon pauvre Cha**, qu'allait-il faire dans cette galère, dont le pilote invisible est, par la grâce du pape, l'abbé Janson, le saint homme aux cent mille francs du séminaire de Nancy.

CHEZ TOUS LES JOURNALISTES CONSTITUTIONNELS,

PRIX : 1 FRANC,

Dont le versement sera fait à M. le banquier Caccia, pour une mère de famille qui, par suite des malheurs récens du commerce, est privée d'une rente de deux mille francs, qui était aussi nécessaire à son existence qu'à l'éducation de ses enfans.

LA CHAMBRE DES PAIRS

ET

LES MINISTRES,

ou

L'IMPOT ET LE BLÉ.

Ce n'est pas le vote sept fois d'un milliard qui a causé les déficits, mais bien d'avoir, pendant sept années de suite, laissé tomber le blé au plus vil prix, chose qui ne s'était jamais vue en France. C'est l'oubli de la protection qu'on devait au blé indigène qui a fait que la souffrance de la première des industries s'étant communiquée à toutes les autres, elles éprouvent aujourd'hui un malaise, une ruine, dont peut-être elles ne se relèveront plus. Sachons prévenir la catastrophe, s'il en est encore temps, afin que nous ne fassions pas dire de nous, avec Rivarol, que le pire des malheurs est de mériter son malheur. A défaut des réserves naturelles de blé depuis la division des grandes propriétés, où sont les réserves tant réclamées depuis dix ans ? Que si une année de récolte médiocre nous surprend au milieu de notre imprévoyance, et que nous passions de l'extrême vileté du prix du blé à la cherté, croira-t-on pour cela que le cultivateur sera couvert de ses pertes, et qu'il va réparer toutes celles que sa misère de sept années a fait supporter aux industriels. Il sera plus facile de croire que les petits producteurs, qui forment à présent la majorité des propriétaires, n'étant plus détenteurs de leur faible récolte au moment de la cherté, ils en subissent eux-mêmes les conséquences ; enfin, que d'autres qu'eux en profitent, surtout les spéculateurs étrangers, à qui nous devrons encore des actions de grâces, si la crainte alors, ou d'autres sentimens plus généreux, nous excitent en faveur de nombreuses populations prêtes à périr de misère. Cependant les avertissemens par le premier corps de l'état n'ont pas manqué pendant sept années de suite.

Si nous rappelons ici cette série d'avertissemens, c'est qu'en ce moment , où nous éprouvons un malaise universel, la véritable cause en sera plus sentie , et qu'enfin peut-être on reconnaîtra l'indispensable nécessité d'*encourager* la seule mesure à prendre de suite pour mériter de nous racheter encore cette fois de notre imprévoyance. La mesure dont il s'agit a été indiquée par les deux Chambres; elle appartient à tout le monde depuis que l'histoire nous a transmis le sage conseil donné à un roi par le fils de Jacob.

RAPPORTS DES COMMISSIONS

DE

LA CHAMBRE DES PAIRS.

POUR LE BUDGET DE 1821.

« L'avilissement du prix du blé est extrême... La détresse re
» connue des contribuables a fait naître dans beaucoup d'esprits
» des doutes sur la possibilité de recouvrer l'impôt dans son inté
» grité... *Éviter de laisser tomber le blé à vil prix, et nous pré*
» *server de la cherté, est une grande question...* Nous osons
» le dire avec confiance : le ministère à qui la France devra
» cette solution si universellement désirée, aura bien mérité
» de la patrie ; il aura pleinement justifié l'honorable confiance
» de l'auguste monarque dont l'unique passion fut toujours le
» bonheur des Français. »

POUR LE BUDGET DE 1822.

« Afin qu'en puisant dans les revenus particuliers, le gou
» vernement soit comme ces pompes du ciel qui élèvent l'eau
» pour la répandre en pluies fécondantes, il faut qu'il ne
» laisse pas dessécher la source de ces revenus par le vil prix
» du blé. »

POUR LE BUDGET DE 1823.

« Le cultivateur ne voit point le terme de ses maux. Quand
» pourra-t-il donc trouver, dans la vente de son blé, la juste
» récompense de son travail et le remboursement de ses
» avances? »

POUR LE BUDGET DE 1824.

« Où s'arrêtera la dépréciation du prix du blé? Quelles
» en sont les causes, surtout quels sont les moyens d'y remé-
» dier? Grandes et difficiles questions d'économie politique,
» dont la solution est bien digne des méditations des ministres,
» parce qu'elle importe à la prospérité générale, et spéciale-
» ment au bien-être de cette classe qui constitue, après tout,
» la force des nations. »

POUR LE BUDGET DE 1825.

« Il est à craindre que le propriétaire ne soit bientôt dans
» l'impossibilité de payer l'impôt et de donner de l'ouvrage
» à la classe industrieuse, à cause du vil prix des grains, dont
» les conséquences seront si graves, qu'on ne peut les envi-
» sager sans effroi. Il est urgent que les ministres emploient
» les moyens qui leur paraîtront les plus convenables pour
» prévenir les malheurs dont nous sommes menacés par la
» vileté si prolongée du prix du blé. »

POUR LE BUDGET DE 1826.

« Le blé se vend au-dessous des frais de production. Cet état
» de souffrance de l'agriculture se prolongera-t-il? N'existe-t-il
» aucun moyen de le faire cesser? Quels sont ces moyens?
» Questions que personne n'oserait essayer de résoudre, mais
» qui n'auront point été agitées vainement, puisqu'elles ont
» attiré l'attention particulière des ministres du roi. » (Qu'ont-
ils fait? que feront-ils?)

POUR LE BUDGET DE 1827.

« Le cultivateur lutte contre des impôts qu'il ne pourra plus
» payer. Nous vous parlions l'an dernier du vil prix des grains :
» ils n'ont pas repris faveur. L'espérance du cultivateur ne
» renaîtra que lorsque la limite de l'importation aura été éle-

» vée, et nous espérons que le gouvernement méditera sur le
» vœu exprimé à cet égard dans l'autre Chambre... La France
» est rassurée par la fertilité de son sol; mais le décourage-
» ment peut s'emparer de l'agriculteur, et on peut voir re-
» paraître ces disettes qu'une politique craintive aurait appe-
» lées en croyant les prévenir. Le commerce, à son tour, souf-
» frirait de la gêne des campagnes. Celui qui vend moins *con-*
» *somme moins.* Vainement les fabriques multiplieront leurs
» produits; si les acheteurs manquent, la fabrication s'arrêtera;
» et cette prodigieuse activité, à laquelle chaque année semble
» ajouter, ne trouvant plus d'alimens, il en résulterait un
» malaise universel. »

Au milieu de ses avertissemens, de ses doléances, chaque
fois qu'on venait lui présenter le vote du milliard, la Chambre
des Pairs a indiqué aussi aux ministres le moyen de remédier
au mal. On vient de voir qu'elle voulait, avec l'autre Chambre,
que la limite d'importation fût plus élevée; mais par dessus
tout, elle voulait les réserves de blé, d'où devait surgir la véritable richesse de l'état. Écoutons encore à la Chambre des
Pairs, M. le duc de Lévis, portant la parole au nom d'une de
ses commissions. Sa seigneurie, après avoir démontré (*Moni-
teur du*   1821), par un exemple pour trente années, que
les quantités de blé exportées et importées, quoique à peu près
égales, présentaient néanmoins une énorme différence au
désavantage de nos finances, a dit :
« Cependant il reste une grande difficulté. Que fera-t-on
» de l'excédant des grains dans les bonnes années? car il en
» faut un pour suppléer au déficit des mauvaises récoltes qui
» reviennent tous les quatre ou cinq ans. Ce qu'il en faut faire,
» Messieurs? ce que la prévoyance la plus commune conseille,
» ce que l'instinct enseigne aux animaux, *garder pour le be-*
» *soin.* Cette vue n'est pas nouvelle; mais il est plus que temps
» de s'en occuper *sérieusement.* La principale objection contre
» les approvisionnemens et les *réserves,* le déchet considé-
» rable et les frais d'entretien et de manutention, est écartée,
» parce que l'on *a perfectionné* en France les moyens em-
» ployés, depuis un temps immémorial, par des peuples bien
» moins avancés que nous dans les arts, les Polonais et les
» Barbaresques. »

Quelques années après ce vœu si bien exprimé en faveur des réserves, sa seigneurie le baron Pasquier en faisait ressortir toute la puissance dans une improvisation lumineuse, dont le but principal était d'empêcher la mesure la plus destructive de nos relations commerciales dans la Méditerranrée, mesure que les ministres eux-mêmes avouaient ne devoir rien produire pour notre agriculture, et que malheureusement ils firent adopter pour céder à la crainte d'un mal imaginaire qu'ils ne partageaient pas. Ce noble pair leur disait, le 9 juin 1825 : « Si les » pays agricoles se voient si souvent exposés à des disettes, ce » qui semble contre nature, c'est uniquement parce qu'ils » manquent de *réserves;* et au contraire c'est grâces à ses *réserves* » qu'on a toujours vu la Hollande suppléer aisément à l'insuffi- » sance de ses moissons, et ne jamais éprouver de disettes. »

La Chambre des Pairs pouvait se borner à sonder la plaie en laissant aux ministres le soin de la guérir. Mais pénétrée de sa haute mission pour les intérêts éternels de notre société, elle leur a retracé l'expérience des siècles, et conseillé le seul moyen que la sagesse prescrivait.

« Lorsque les Pairs de France, ces conseillers héréditaires » et perpétuels du monarque, usant de leur droit, ou plutôt » remplissant leur devoir, indiquent avec une noble et respec- » tueuse franchise la mesure qui, dans leur opinion, peut seule » réparer des maux si longs et si cruels, accroître la richesse » de l'état, relever la puissance nationale et rehausser la gloire » du prince, les observations du premier corps de l'état ne » peuvent manquer de faire une impression vive et durable sur » les agens de l'autorité suprême. » Paroles adressées aux ministres au nom de la commission nommée pour le budget des recettes de 1821.

Ainsi, le mal, sa cause, le moyen de l'arrêter, et même ce qui pouvait les exciter à bien faire, dès la première année, tout a été dit aux ministres par la Chambre des Pairs, afin qu'elle ne se vît pas exposée à voter le déficit tous les ans.

Mais parce que les ministres n'ont pas pris en considération les avertissemens du premier corps de l'état, sur le mal qui nous dévorait, faudra-t-il pour cela les accuser de trahison envers les grands intérêts qui leur étaient confiés ? Ce n'est pas moi qui l'entreprendrais, quand bien même j'aurais la preuve écrite entre les mains, que le Roi leur a donné deux fois l'ordre d'exa- miner un mémoire par lequel il était proposé de démontrer

comment des réserves de blé pouvaient être exécutées sans qu'il
en coûtât aux contribuables un denier de plus que par le passé,
et en procurant les avantages dont est rapportée, dans cet écrit,
l'analyse, extraite d'un imprimé de 1826 et 1827, qui a été
adressé dans le temps aux ministres ; mais, ont-ils eu le temps
de le lire ? A peine ont-ils eu celui de se défendre. Aussi, je le
répète, quelque mépris qu'ils paraissent avoir fait de la proposi-
tion authentique de démontrer la possibilité de ces avantages
pour l'intérêt général, jamais je n'accuserai personne de trahison envers le pays, parce que, enfant adoptif de la France,
jamais je ne croirai qu'un Français puisse être moins Français que
moi. Toutes les fautes en administration n'appartiennent qu'à
un faux orgueil, à la vanité, et la punition de celle-là n'est que
du ressort de l'opinion publique. Heureux si dans soi-même on
trouve des sujets de consolation pour le mal public dont on
est accusé ; car je ne sache pas qu'il y ait de malheur au-dessus
de celui de passer pour un mauvais citoyen, et qu'on puisse
vivre aujourd'hui avec une pareille pensée, de quelques titres et
honneurs qu'on soit doté.

Le moyen d'exécution des réserves, proposé en 1826 et 1827,
ne pouvait satisfaire les intérêts de tous ; il limitait à un mois
les approvisonnemens pour toute la France, au lieu que par
le moyen dont il s'agit aujourd'hui, on peut les élever jusqu'à
une année, si le territoire peut procurer par le temps cette
augmentation de production à laquelle le cultivateur serait
encouragé de suite par le moyen proposé. On concevra qu'au
fur et à mesure que cet approvisionnement se compléterait par
le travail, ou nos vins se boiraient, ou leur excédant pourrait
être mis de même en mouvement par un signe représentatif,
comme aussi le tabac, quand la culture en sera libre ; car le
territoire de la France, ses produits agricoles, sont à sa véritable
richesse ce que le commerce maritime est à celle de l'Angleterre. La France aura peut-être moins d'or, mais qu'importe
si la conservation de ses produits représentés vaut encore
mieux.

« En dépit du ministre du commerce le blé se vendra ici
» 50 fr., là il se vendra 15 fr. A Toulouse le pain sera à deux
» sous la livre, à Paris il sera à cinq sous ; la misère sera d'un
» côté, l'abondance de l'autre, la détresse partout. Pauvre
» peuple ! pauvre France ! jusqu'à ce que le roi le sache. »
(*Quotidienne* du 27 mai.)

DÉVELOPPEMENT

DE LA QUESTION DES RÉSERVES DE BLÉ,

Pour la rentrée facile des impôts et l'attachement des citoyens au pays.

« L'histoire nous apprend, «dit M. le baron de Haynau, dans l'ouvrage qu'il vient de publier sur la législation des grains, « que les empires les plus florissans de l'antiquité ont disparu, » parce qu'au lieu de perfectionner le sol de la patrie, le » peuple y était nourri avec des grains étrangers. C'est ce qui » nous arrive aujourd'hui, pour une seule année de récolte » médiocre, après plusieurs années de suite où l'avilissement » du prix du blé causait le découragement de l'agriculture » et la ruine des petits producteurs, que le morcellement des » terres multiplie à l'infini : ceux-là, forcés par leurs besoins » de vendre à tout prix, gênent le propriétaire plus aisé, et » rentrent bientôt dans la classe des consommateurs néces- » siteux, c'est-à-dire qu'au lieu de concourir à fournir le marché, » ils sont souvent forcés eux-mêmes d'acheter des grains plu- » sieurs mois avant la moisson. »

Aussi M. le baron de Haynau veut-il un *minimum*, princi-palement en faveur de la petite propriété, c'est-à-dire que le blé ne pourrait jamais être acheté au-dessous d'un prix déter-miné et égal aux frais de production. « Sans cette condition, » l'agriculture se ruine, et bientôt le commerce, les sciences » et les arts, tout périt avec elle. »

Les vœux exprimés par la Chambre des Pairs, au sujet des réserves de blé, pour en relever le prix lorsqu'il s'abaisse, sem-blaient devoir remédier à ce qu'a de nuisible le morcellement qu'aucune puissance humaine ne pourrait plus arrêter dans sa progression à l'infini, parce qu'il est dans nos mœurs, dans nos lois, dans notre intérêt personnel. Nous avons le gouver-nement des Anglais, mais eux n'ont pas notre morcellement. Il nous manque donc quelque chose pour rétablir l'équilibre, et ce quelque chose, ce régulateur, c'est le blé dont la pro-duction doit être excitée en abondance, pour le surcroît de la consommation être mis en réserve dans des silos et en mouvement par un signe représentatif, comme l'or qui reste enfermé dans les caves de la banque de France : « l'agriculture et le » commerce manquent de signes représentatifs, plus transpor- » tables que l'argent, pour faciliter les échanges dans les dépar- » temens, » disait un membre de la Chambre des Pairs lors de la discussion du budget de 1825. Et quel signe représentatif mé- riterait plus de confiance que celui qui reposerait sur la ri- chesse première , sur le produit le plus indispensable. Doute- rait-on qu'il ne fût dans nos villes ce qu'est à Paris le billet de sa banque , surtout si comme celui-là il était émis au nom d'une réunion d'hommes les plus famés. Les vœux qu'a expri- més à chaque budget la Chambre instituée pour la conservation d'un ordre social qui lui a donné une existence aussi durable que la sienne , ces vœux , dont les ministres qui passent n'ont pas fait assez de cas , seront peut-être mieux compris aujour- d'hui , qu'on commence à comprendre aussi qu'on aurait pu s'affranchir d'un surcroît annuel de 28 millions d'impôt avec l'aide de huit des premières maisons de banque de l'Europe , qui garantissaient à leurs risques et périls la réduction de l'inté- rêt de la dette publique à 4 pour 100 , réduction qui , par le reflux de nombreux capitaux dans les canaux de l'agriculture , pour favoriser les grandes exploitations qu'elle réclamait , eût donné au crédit de l'état une élévation d'autant plus durable , qu'il aurait été assis sur une plus forte masse de richesses na- tionales. Quelle différence d'un tel crédit avec celui qui provient de l'épuisement de l'agriculteur quand il emprunte à l'intérêt exorbitant de 8 pour 100 par an à la caisse hypothécaire qu'il entraîne aujourd'hui dans sa ruine , et quand des maisons manufacturières , connues depuis des siècles à l'étranger , ne présentent plus que des passifs au-dessus des immenses ri- chesses qu'elles avaient acquises , avant qu'on eût laissé éprou- ver au blé une septennalité du plus vil prix , malgré les do- léances de la Chambre des Pairs , chaque fois que les mi- nistres venaient lui présenter le vote d'un milliard.

Est-ce là le signe du véritable crédit , quand les deux ma- melles de l'état étant épuisées , on vend , on morcelle , on réalise , et qu'on accourt de l'intérieur et de la frontière pour placer son argent là où il n'y a ni impôt , ni grêle , ni incendie , ni procès , ni vol , ni banqueroute à redouter. Tout cela fait de Paris l'Arabie heureuse. Mais ce n'est pas ainsi que l'entendent les hommes d'état , les amis de la véritable prospérité de la France, essentiellement agricole ; car où serait le gage de la durée de notre société. On ne prétendrait pas, sans doute, que celui dont on méprise les sueurs qu'il répand sur la terre, la défendît, ainsi que Paris, contre les invasions qui pourraient survenir dans la suite des temps. L'intérêt, ce souverain maître qui commande l'amour du pays, commande aussi qu'on y reçoive le dédommagement de ses pénibles travaux, si ce n'est le prix du sang qu'on verserait pour lui. Que les plus favorisés de la fortune, à qui les études ont inspiré le noble amour de la patrie, sachent entretenir le feu sacré, en ne cessant de se rapprocher de ceux qui sont obligés de travailler pour vivre; plus ils examineront avec soin, et voudront, moins par des paroles que par des faits, les moyens d'encouragement et d'une juste indemnité des travaux et des sacrifices pour attacher les citoyens au pays, plus ils seront vraiment patriotes; car alors chaque habitant deviendrait une forteresse, non sur son carré de terre, mais à la frontière si elle était menacée.

La Chambre des Pairs, en rejetant le projet de loi que la Chambre des Députés avait adopté pour nous ôter le surcroît annuel de 28 millions d'impôt, cette première Chambre, qui est la sauvegarde de notre monarchie constitutionnelle, aurait-elle réservé aux ministres le moyen le plus généreux, le plus juste, le plus fécond pour parvenir à la même réduction d'impôt; mais par-dessus tout pour voir réaliser ses vœux pour les réserves de blé et pour un signe représentatif égal à l'or même; enfin, pour que les propriétaires de rentes et les propriétaires de terres n'aient qu'à bénir le Gouvernement en voyant croître la fortune que la Providence veut bien mettre à leurs pieds.

Celui qui n'aura eu d'autre mérite que de réunir toutes les lumières en un seul foyer, a déjà fait connaître, par un écrit distribué aux deux Chambres, en 1819, les avantages qui résulteraient pour l'intérêt général de l'exécution des réserves de blé par une association territoriale, qui est appelée de tous les vœux de MM. de Dombasle et Bertier de Roville. Il reste maintenant à démontrer comment ces avantages pourront être obtenus.

RACINE DU FONDS SOCIAL.

C'est la garantie donnée par de bonnes maisons de banque à l'exécution du plan de finances, pour procurer une diminution de 28 millions d'impôt, et réduire l'intérêt du prêt de l'argent

en France à un taux plus favorable à l'agriculture et au commerce; c'est cette garantie, sans laquelle il n'y aurait pas eu de
plan de finances, qui a été la première cause de l'examen d'une
grande question résolue aujourd'hui dans l'esprit de tous les
législateurs; savoir : que l'état, qui est une seule et même
chose avec les contribuables, a le droit de les libérer, en payant
100 francs pour les cinquante, 100 francs pour les soixante,
et 100 francs pour les quatre-vingt-dix qui ont été livrés.
Cette grande question étant résolue, celle du fonds social,
par les possesseurs de 5 p. o\o, pour faire face à l'intérêt du
montant des réserves de blé, se trouve aussi résolue. Ce n'est
que lorsque le temps aura donné la preuve qu'il n'y a pas d'o-
pération plus sûre et plus avantageuse pour l'intérêt particulier comme pour l'intérêt général, c'est seulement alors que les
capitalistes se décideront à participer au fonds social de l'association territoriale.

L'ASSOCIATION TERRITORIALE EST-ELLE POSSIBLE?

De même que le projet de réduction de 28 millions d'impôt
n'aurait pas eu lieu sans la garantie donnée par MM. Lafitte,
Rotschild, Ardoin, et leurs amis, de même, le projet d'association territoriale n'aurait pas eu lieu sans un fonds social
pour payer l'intérêt du montant des réserves de blé, jusqu'au
jour de leur emploi. Ainsi, ces banquiers étant la racine du
fonds social de l'association territoriale, c'est à eux que la
France devra tous les avantages qui en résulteront, pour peu
qu'ils veuillent sacrifier quelques instans à l'examen de son
mouvement financier, et faire connaître, chacun particulière-
ment, leur opinion sur les améliorations à y apporter. La re-
connaissance qui est innée dans le cœur de l'homme envers le
pays auquel il doit ses libertés et ses jouissances, fera sans doute
un devoir à ces honorables citoyens de mettre, autant qu'il sera
en eux, tous les esprits sur la voie de la solution tant désirée de
la question suivante :

« Si l'agriculture était encouragée à produire du blé au
» delà de la consommation, l'excédant pourrait-il se conserver
» dans des silos, pour préserver le pays d'être tributaire de
» l'étranger dans les années stériles; et cet excédant pourrait-il
» être mis en mouvement par un signe représentatif, pour
» augmenter d'autant la fortune publique et faciliter les trans-
» actions? »

C'est là qu'est toute la question de la rentrée des impôts par le travail, seule cause de la consommation sans laquelle il n'est pas d'impôt possible. C'est donc à cette solution que les journaux devront exciter le génie et le patriotisme de tous les économistes du pays, sous ce régime de liberté qui est à l'existence de ces journaux ce que sont les consommateurs à l'impôt, et ce que celui-ci est à toutes les sociétés : ainsi, dans cette question, où tout s'enchaîne *pour notre existence politique*, le premier anneau c'est le blé. Plus il sera abondant, plus la chaîne sera forte et durable.

MOUVEMENT FINANCIER DE L'ASSOCIATION TERRITORIALE.

La société n'achète pas de blé.

Elle choisit les propriétaires qui seront admis à verser à la réserve la portion qu'ils voudront de leur récolte.

Elle évalue leur blé aux trois quarts de la limite d'importation (1).

Elle ne peut vider ses silos qu'au prix moins un centime de celui auquel le blé étranger est admis à la consommation nationale.

Elle remet aux propriétaires des rescriptions payables aux porteurs lors de la vente du blé.

La rescription rapportera un intérêt de 2 pour o\o payable par la société, chaque semestre, jusqu'au jour de la vente (4 pour o\o par an).

(D'après les tables du prix du blé de chaque année, en remontant jusqu'à 400 ans, publiées par M. le député de Lastours, cette vente au prix indiqué aura immanquablement lieu dans une période de cinq années).

Sur la différence de 33 ⅓ p. o\o provenant de l'évaluation du blé avec le prix fixe de la vente, il sera prélevé,

SAVOIR :

Au profit du fonds social autant qu'il aura payé d'intérêts

---

(1) Cette évaluation et celles qui suivent ne sont que des suppositions ; elles seront établies dans de plus justes proportions par des personnes plus versées dans la connaissance du mouvement que nos besoins donnent aux choses.

pour la rescription, et une prime de 5 p. o\o, n'eût-il servi
ces intérêts que six mois.

Pour les frais de construction de silos, 1 p. o\o par an,
jusqu'à leur parfait acquittement.

Pour les frais d'administration, $\frac{2}{3}$ p. o\o par an.

Le reste de la différence sera payé aux porteurs des rescriptions.

FONDS SOCIAL.

Le fonds social aura lieu au moyen des rentiers qui consentiront à laisser toucher par l'association un cinquième de leur
5 p. o\o, à condition qu'ils seront remboursés les derniers,
quand le gouvernement en aura la faculté; c'est-à-dire qu'ils
formeront de droit la dernière série, si le gouvernement et les
Chambres le décident ainsi par une loi.

On voit que les rentiers non-seulement ne perdront pas un
centime de leur 5 p. o\o, mais gagneront même en peu de temps
une somme égale à une année de leur rente.

ANALYSE DES AVANTAGES DE L'ASSOCIATION TERRITORIALE.

(Imprimé de 1826 et 1827.)

Le courage de l'agriculture sera promptement relevé.

Ses greniers, vu l'utilité des silos, reconnue depuis des
siècles, ne seront plus, comme aujourd'hui, encombrés de
valeurs mortes.

Le morcellement dont le président du conseil des ministres
a prouvé l'effrayante progression, sera sans danger.

Une réserve de blé, si nécessaire pour assurer la paix inté-
rieure et l'avenir d'un grand peuple, sera obtenue.

Toute idée d'accaparement, dans les mauvaises années, sera
à jamais détruite.

Les deniers publics ne seront plus compromis par les approvisionnemens extraordinaires qu'exigent les cas de guerre.

Notre numéraire ne sera plus exporté pour des secours
qui nous viennent de pays où nous devions nous-mêmes en
porter.

Le plus grand et le plus indispensable de nos produits, mis
désormais en mouvement par sa représentation, viendra ajouter à la richesse et à la prospérité publiques.

Les transactions dans les départemens seront facilitées par un signe qui ne pourra jamais connaître un instant de discrédit.

Les cent mille petits capitaux de mille francs ayant partout un emploi assuré dans l'achat du signe représentatif du blé, n'iront plus chercher la mort dans des luttes qui compromettent la prospérité d'établissemens qui, chacun dans leur genre d'utilité, ne nous laisseraient bientôt plus rien à envier à nos voisins.

La force et le repos de la France, nos campagnes florissantes, ne renverront plus leurs vigoureux enfans s'amollir et corrompre leurs mœurs dans nos villes.

L'agriculteur prendra une part active aux grandes exploitations des canaux, des routes et des défrichemens.

Le prix de la journée de travail aura une fixité qu'elle n'a pas encore eue.

L'aisance générale et la circulation prodigieuse du numéraire doubleront les revenus indirects de l'état, sans efforts, c'est-à-dire que l'impôt sera, comme l'atmosphère, un fardeau qu'on porte et qu'on ne sent pas.

Enfin, pour tous ces avantages qui réaliseront les vœux ardens du Roi et des Chambres en faveur de l'agriculture et de la sécurité publique, il n'en coûtera à l'état que l'*ordre* qui autorisera l'établissement proposé.

PROPRIÉTÉ DU PROJET DE L'ASSOCIATION TERRITORIALE.

L'opinion de ceux de MM. les banquiers de la réduction de l'intérêt et de l'impôt, qui reconnaîtront l'utilité de l'association territoriale et la possibilité de sa mise en mouvement, sera ajoutée à la suite de cet écrit, qui leur est adressé en manuscrit, pour être ensuite livré au public, parce que le projet de l'association territoriale sera la propriété de tous et non celle de personne ; celui qui en a eu la première idée, renonçant à toute espèce d'indemnité aux actions dites d'industrie, enfin ne devant pas avoir dans cette société plus que celui qui ne s'en est jamais occupé. Trop heureux, si elle a lieu un jour, d'avoir eu une bonne inspiration pour la France.

FORMATION DE LA SOCIÉTÉ.

La Société étant anonyme, des pairs de France peuvent être membres de son conseil comme les députés qui croiront à l'indispensabilité de l'association territoriale pour la prospérité publique. Le directeur, qui sera désigné par les membres du conseil, fournit un cautionnement d'un million de francs ou plus ou moins sur sa fortune personnelle.

On suppose qu'une personne, sans autre prétention que d'être utile à son pays, veuille donner suite au projet de cette société, elle commence par demander à plusieurs pairs de France et députés, comme, par exemple, à MM.

s'ils consentiront à être les vices-présidens de cette société, pour désigner ensuite les autres membres du conseil d'administration parmi les pairs, les députés, les banquiers, les notaires et les possesseurs des cinq pour cent en assez grand nombre, afin que, sans que cela fût une gêne pour aucun, il y eût toujours, auprès du directeur, un comité de surveillance, et que la plus minime dépense ne puisse jamais avoir lieu avant d'avoir été le sujet d'une délibération écrite, en attendant les abonnemens que l'expérience autorisera à faire avec le directeur.

Le siége de la société est provisoirement rue de Rivoli, n°. 18, à l'effet de recueillir et donner tous les renseignemens qui pourront aider à la mise en mouvement de cette société.

AUTORISATION DE L'ASSOCIATION TERRITORIALE.

D'après la dernière ordonnance qui règle les attributions du ministère du commerce, l'autorisation de l'association territoriale devra être sollicitée auprès de son excellence le comte de Saint-Cricq, précisément le même homme d'état qui, lors de la discussion de la dernière loi sur les blés, fut d'avis, avec les deux Chambres, que la limite de l'importation devrait être plus élevée, afin de favoriser les réserves de blé indigène dans les années d'abondance.

Il ne s'agira, pour obtenir l'autorisation de la société, que de savoir de ce ministre les conditions à remplir à cet effet.

Il est probable que M. M*** de Villa, qui a écrit avec le plus de force et de vérité sur l'urgence de l'association territoriale, disputerait à toute autre personne l'honneur de solliciter cette autorisation, si ses affaires pouvaient le lui permettre. C'est lui qui, dans les dernières lignes d'un écrit publié en 1827, à ce sujet, s'exprimait ainsi : « L'association territoriale, con-
» çue dans les vues et sous l'influence du pouvoir, ne peut
» manquer d'atteindre et de satisfaire les besoins sociaux que

» je viens de signaler. Elle deviendra le sceptre de la monar-
» chie, et le pivot sur lequel reposeront désormais des in-
» térêts différens, étonnés de se trouver ensemble attelés au
» char de l'état, et d'y faire, pour la première fois, de
» communs efforts pour le conduire rapidement au sommet
» de la prospérité. »

SUPPLIQUE DE LA CHAMBRE DES PAIRS

AU ROI.

Après l'authenticité de l'opinion de MM. les banquiers sur le mouvement financier de l'association territoriale, la Chambre des Pairs jugera dans sa sagesse, si, pour être d'accord avec les vœux qu'elle a exprimés au sujet des réserves de blé, en votant le milliard, elle doit *supplier le Roi, de proposer à la session prochaine, un projet de loi par lequel, sans préjuger la question du principe du remboursement, il serait garanti aux possesseurs de 5 pour o\o que ceux qui consentiront à ce qu'un cinquième de cette rente soit versé à leur profit dans la caisse de l'association territoriale, seront les derniers remboursés, dans le cas où le gouvernement aurait à présenter par la suite un projet de remboursement successif.*

PAROLES PRONONCÉES

EN PRÉSENCE DE DEUX CHAMBRES RÉUNIES.

(Journal des Débats du 27 juin 1825.)

« Les propriétés foncières étaient obérées de dettes; vrai
» soutien de l'état, elles appelaient un indispensable soulage-
» ment. Vous avez senti la nécessité de venir à leur secours.
» Les obstacles qui pourraient entraver le développement de
» la loi sur l'association territoriale, seront écartés; et à la
» faveur de son influence, de l'active sollicitude qui en dirigera
» l'exécution, de *l'assistance particulière que le gouverne-*
» *ment a garantie,* pour le cas où les bienfaits de la loi même
» se trouveraient insuffisans, vous verrez, j'aime à le croire,
» s'effacer les dernières traces de vos infortunes.

» Je me suis empressé d'accueillir tout ce que vous m'avez
» proposé..... Je suis satisfait de vous avoir vus coopérer à
» votre bonheur selon vos intérêts et mes vœux : ce sentiment
» sera partagé par tous vos concitoyens. »

Ces paroles, qui seules immortaliseraient le règne d'un
prince, plus que les plus grandes victoires, appartiennent
à l'empereur Alexandre; et sous ce rapport que pourrait
avoir à envier à tous les rois de la terre, celui qui, à son
avénement au trône, disait : « Je connais, j'apprécie l'im-
» portance de la protection que je dois à l'agriculture; il
» y a beaucoup à faire, et je prendrai les moyens nécessaires
» pour arriver au but que nous devons tous désirer d'attein-
» dre..... Je compte sur les Français, pour m'aider à faire
» leur bonheur. »

DE L'ÉGOÏSME.

(Dernières lignes de l'écrit de M. le baron de Haynau, sur le blé.)

*Résultat, si le propriétaire n'est pas soutenu par le moyen
indiqué.*

« La civilisation ancienne fut anéantie par *l'égoïsme* qui se
» répandait dans toutes les classes; l'agriculture était dans les
» mains des esclaves, qui faisaient cause commune avec les
» ennemis de la patrie. Les forces productives de l'état étaient
» enlacées par les dépouilles des autres peuples, et par l'é-
» goïsme qui avait dépravé les mœurs ; l'égoïsme anéantissait
» l'amour pour le trône et pour la patrie; il avait guidé l'es-
» prit des gardes prétoriennes ; il abandonnait le serviteur
» fidèle de l'état; l'égoïsme éloignait le citoyen et le sénateur
» de tout intérêt pour le bien public; l'égoïsme avait même
» privé le christianisme, dans sa plus grande pureté, du pou-
» voir de rendre à l'humanité souffrante ce contentement in-
» térieur que lui seul est en état de donner.

» La civilisation moderne paraissait être basée sur des prin-
» cipes plus solides; le cultivateur devait également y partici-
» per; aucune classe dans le nouvel ordre social ne devait être
» opprimée; mais l'égoïsme a fait qu'on n'a songé qu'à soi et
» aux siens.

» Si l'État se prive de tous les avantages qui résulteront du
» moyen indiqué, la civilisation recule, et une calamité impré-
» vue achèvera sa ruine. »

Quand la responsabilité est collective, que le bien appartient à tous et le mal à personne, l'amour de la gloire, l'honneur, les plus nobles sentimens s'éteignent dans l'homme
public : le temps s'écoule en discours et rien ne s'accomplit.
Malheur aux nations où les pouvoirs constitués dorment en
paix à l'ombre du dogme de la solidarité ; elles entrent dans le
règne de l'égoïsme.

Conclusion.

Qu'on se décide ou pour le résultat de M. M*** de Villa qui,
avec l'association territoriale, fait monter rapidement le char
de la monarchie au sommet de la prospérité, ou pour le résultat de M. le baron de Haynau qui, sans l'association territoriale, fait rayer la France du nombre des nations, faute d'a-
voir compris que plus elle s'éclairait, plus ses besoins augmen-
taient, et plus il fallait marcher avec le premier de tous.

Nobles Pairs ! espoir de la France sous sa monarchie constitutionnelle qui vous a donné l'être, que chacun de vous voie
sa responsabilité personnelle engagée dans l'accomplissement
du vœu le plus cher de Sa Majesté, que vous avez fait connaître aux ministres qui ont passé, et que ceux qui leur ont
succédé ne laisseront pas stérile, si vous le voulez sincèrement.
Tandis que les envoyés des départemens y retournent pour se
pénétrer de plus en plus des besoins de chaque localité, en
négligeant leurs intérêts personnels, la Chambre des Pairs sta-
tionnaire dans les lieux habités par le Monarque où il veut que
tout respire sa volonté suprême pour le bonheur de ses sujets,
doit siéger alors dans les salons des ministres pour y rappeler
sans cesse le bien le plus urgent à faire. C'est sur cette con-
stante sollicitude que les mandataires des départemens comptent
pour voir la récompense de leurs sacrifices et de leurs nobles
efforts, dans la réalisation de toutes les promesses.

CORRADI DE BONIFACIO.

Rue Saint-Hyacinthe-Saint-Michel, n°. 25.

OPINION

DE M. LE DÉPUTÉ JACQUES LAFITTE,

(Séance du 13 juillet)

A L'OCCASION DU BUDGET DES RECETTES.

« L'agriculture et le commerce éprouvent le besoin de ca-
» pitaux et de crédit pour leurs opérations ; et ils en obtien-
» draient à meilleur marché, si l'on rendait les propriétés plus
» mobiles... » (Assurément le blé est la première de toutes les
propriétés) « Elles pourraient être l'objet d'inscriptions qui fé-
» conderaient la circulation par de nouvelles valeurs ; et ces
» valeurs seraient recherchées dans tout le royaume par les
» capitalistes. »

Que dire de mieux en faveur du signe représentatif du blé,
et du crédit qu'il obtiendrait ! Voilà pour la partie financière
de l'association territoriale ; quant à la partie morale, à l'indispensabilité de cette association, il n'est pas possible non plus
de rien dire qui la fasse ressortir davantage. Laissons donc par-
ler ce bon citoyen.

« Il faut songer à nourrir l'immense population qui déborde
» de toutes parts..... Avec le développement extraordinaire de
» la production manufacturière, et la diminution des débou-
» chés extérieurs, il faut que la production agricole se déve-
» loppe dans la même proportion..... Avant de s'occuper de
» ses fabriques et de son commerce, l'Angleterre s'est occupée
» de son agriculture. »

Ne pouvant différer davantage de distribuer cet écrit à la
Chambre des Pairs, et l'opinion de MM. les banquiers dénom-
més n'étant pas encore parvenue, elle sera insérée dans les
journaux s'ils y consentent.

C'est la connaissance de cette opinion de trois banquiers
aussi connus par leurs vues utiles pour le pays, qui aurait dé-
terminé la Chambre des Pairs à faire sa supplique au Roi, avant
la clôture de la session. Il faudra donc encore *attendre*. Est-ce
là l'ordre du jour qui nous sera éternellement réservé ?

LETTRE DE M. DUPUY,

Ancien Avocat, Membre des Académies de Bordeaux, Marseille, Vaucluse, etc.,

A M. CORRADI DE BONIFACIO, le 7 août 1829.

J'ai lu avec intérêt l'imprimé que vous avez fait distribuer à la chambre des pairs sur *l'impôt et le blé.*

Le moyen indiqué, pour parvenir à éviter la cherté et la vileté du prix du blé en doublant la fortune publique, est si vrai et si simple en même temps, que chacun croira qu'il est sa propre idée.

Je serai toujours disposé, ainsi que vous l'avez désiré, à donner et à recevoir tous les renseignemens sur cette importante question que vous avez soumise au public.

La deuxième partie, relative au signe représentatif du blé, me paraît ne plus laisser de doute depuis que M. le député Laffitte a hautement prédit que ces sortes de valeurs seraient recherchées par tous les capitalistes du royaume.

Quant à *la conservation du blé dans les silos, si elle est possible*, cette première partie de la question est résolue depuis des siècles; mais l'usage en France aussi, depuis des siècles, veut malheureusement que ce ne soit qu'à force de laisser faire à nos voisins, que nous finissions par adopter les productions de notre propre génie, dont ils ont profité déjà depuis long-temps. Aussi ne serait-il pas étonnant que le royaume des Pays-Bas, l'Espagne, Naples, l'Autriche, la Prusse, la Russie, et même l'Egypte, n'aperçussent encore avant nous la richesse du signe représentatif du blé, quoique la forme de notre gouvernement soit la plus favorable à ces moyens de prospérité publique.

La conservation du blé n'est plus un problème; il y a vingt moyens pour un; il ne s'agit que d'employer le meilleur, et les divers procédés qu'exigent les diverses qualités de nos blés. Nul doute que si les blés, récoltés aux environs de Paris par des temps pluvieux, doivent être enfouis dans les silos, sans plus de précautions que ceux récoltés à Toulouse et autres parties de la France, où le soleil a produit sur eux l'effet de l'étuve, nul doute, dis-je, que les blés des réserves seront bons là et mauvais ailleurs, tandis que, par les procédés qui doivent être pratiqués avant de les verser dans les silos, ils doivent partout s'y conserver en première qualité, quel que soit le nombre d'années qu'ils y restent enfermés. Ce sont ces procédés, dont il est fait usage en Russie, qui font donner à ses blés la préférence sur tous les marchés de l'Europe, ainsi que vous l'avez noté dans votre imprimé distribué aux deux Chambres en 1821. Au surplus, si le signe représentatif du blé doit enrichir le royaume qui l'adoptera, la société qui émettra ce signe sera sans doute aussi assez riche pour pouvoir payer le meilleur traité sur la conservation du blé, soit par une somme d'argent, soit par un emploi honorable dans cette société.

J'approuve votre renonciation à la propriété du projet de l'association territoriale. Vous voulez qu'il soit à **tout** le monde. Les actes de désintéressement sont taxés de niaiserie par tous ces frondeurs frivoles, ces êtres inutiles dont la société abonde; mais, en dépit de l'insouciance, le véritable patriotisme sera toujours en honneur en France et un puissant mobile, surtout quand les gouvernans, loin de le mettre aux prises avec l'intérêt personnel, lui donneront celui-ci pour aiguillon, comme dans l'association territoriale. Aussi suis-je bien convaincu que, dès que les publicistes auront fait connaître l'importance de la question sous le rapport de l'intérêt particulier et de l'intérêt général, chacun voudra participer à sa prompte solution.

Vous n'avez donné qu'un aperçu du mouvement financier de l'association. En effet ceci n'est pas plus votre affaire que la mienne, quoique vous ayez occupé les emplois les plus distingués dans les finances. Je n'entends faire d'application pour personne : mais il y a entre un administrateur *aux centimes additionnels*, *aux réquisitions*, *aux licences de commerce*, etc., et entre un banquier, un négociant, il y a, dis-je, pour le savoir, la même différence que d'un arpenteur à Newton, La Grange et Prony. Que le fonds social se fasse par les rentiers ou par les capitalistes, il n'aura lieu qu'autant que son utilité sera reconnue par MM. les banquiers de la capitale, où tout l'argent refoule, et où ils peuvent seuls accréditer le signe représentatif du blé. Mais pour cela il faut que le mouvement de l'association soit le fruit de leur propre génie. Puissent-ils donc apercevoir tous les avantages qui en résulteraient pour le pays, afin qu'ils mettent de suite la main à l'œuvre!

Un de mes amis, retiré depuis un an des affaires de commerce et de la banque, parent d'un des plus riches pairs de France, et qui a reconnu depuis long-temps que cette association territoriale manquait à la France, serait très-flatté d'en être le directeur. Possesseur de rentes sur l'Etat et d'une terre d'un million, franche de toute hypothèque, qui servirait de garantie de sa gestion, il a pensé cependant que cette direction devrait être confiée, non à un propriétaire de terre, mais au capitaliste qui offrirait de prendre pour la plus forte somme de signes représentatifs du blé. Il ne désire pas moins que son nom figure sur la liste qui sera mise sous les yeux du conseil d'administration de la société, lorsqu'elle s'occupera du choix du directeur le plus convenable à tous les intérêts. Mais comment former ce conseil d'administration ? Je ne vois pas de meilleur moyen que d'inviter à en faire partie ceux des membres des deux Chambres qui résident habituellement à Paris, et qui, par leurs talens et leurs opinions sur l'économie politique, ont fait juger qu'ils s'intéresseraient au succès de l'association territoriale. Il leur serait indiqué en même temps le jour de la première réunion chez le notaire de la société.

En attendant qu'une seule année de bonne récolte fasse retomber nos blés au plus vil prix, ce qui est inévitable en France, à cause du grand nombre de vendeurs nécessiteux, qui ira toujours en augmentant, il serait convenable de profiter de la hausse des prix pour sillonner la France de silos, surtout dans le Midi, où les grains qui se récoltent devraient être tous mis en réserve, et remplacés pour sa consommation par les blés de la Bretagne, de la Bourgogne, de la Lorraine et de la Champagne, comme vous l'avez également noté dans votre écrit de 1824 et 1825, distribué aux deux Chambres, *sur le moyen de venir au secours de l'agriculteur forcé de vendre son blé au-dessous des frais de production.* Il aurait bien mieux valu alors laisser l'impôt sur la propriété foncière tel qu'il était, comme vous le disiez dans votre écrit de 1826 et 1827, et s'occuper du moyen de relever le prix du blé. Qu'importe que la livre de pain soit à un sol, si la ruine de l'agriculteur fait que le journalier ne trouve à gagner ce sol plus difficilement que vingt et trente, quand l'agriculteur obtient la juste indemnité de ses frais. Comment des vérités aussi simples en économie politique ont-elles échappé à nos hommes d'État d'alors ! Il n'y avait pas de remède, disaient-ils, à la baisse des prix ; sans doute ce n'était pas eux qui devaient former l'association territoriale ; mais leur devoir était de l'encourager. Espérons que les hommes d'Etat d'aujourd'hui sauront rendre la vie à notre France populeuse, agricole et industrielle, en écartant, comme Alexandre en Pologne, les obstacles qui pourraient s'opposer aux bienfaits de l'association territoriale.

Comme je sais que, tout en renonçant à la propriété du projet de cette association, il vous serait plus facile de ne pas exister que d'abandonner l'espoir de la voir en mouvement, je ne suis pas étonné de l'esprit de modération qui a dicté votre écrit, sous le poids d'une contrariété de quatorze ans. Mais ceux-là même que vous avez trop ménagés seront les premiers à discréditer l'association territoriale, pour se disculper de ne vous avoir pas entendu, et à taxer de prétentieux des vœux qui, pour être accomplis, exigent le concours des trois pouvoirs législatifs, dans le cas où le fonds social devrait être fait par les rentiers de l'état. Si le remboursement successif doit avoir lieu, il n'y a pas de doute que, non la presque totalité, mais la totalité même des possesseurs de 5 pour 100, voudra faire partie de l'Association territoriale, puisqu'il n'y aurait que bénéfice pour eux dans le classement autorisé par la loi.

Le véritable homme d'état ami de son pays relira plus d'une fois la page de votre analyse des nombreux avantages de l'association, dont il n'est pas un seul qui ne décide l'immense question que vous avez soulevée, et qui, suivant moi, ne pourrait être mieux résolue que par un ministre des finances et un ministre de l'intérieur.

Au reste, malgré ma conviction de l'utilité de l'association territoriale, le bien est si difficile à faire que je ne saurais trop vous répéter qu'elle n'aura pas lieu ; et j'en douterais encore quand même je verrais pour ministre des finances le précédent ministre de la marine qui avait le mieux parlé en faveur du fonds social, à la Chambre des Pairs, en y défendant le principe de la faculté pour l'État de se libérer, et quand même aussi je verrais arriver au ministère de l'intérieur le député qui, dans la séance du comité secret du 24 mai 1826, réclamait avec énergie les grands approvisionnemens de blé qui seraient l'objet de l'association territoriale (voir l'*Aristarque* du 26 mai 1826). Je ne pourrai donc qu'admirer votre constance, sans partager vos espérances.

Votre ami,

DUPUY, rue de Rivoli, n°. 18.

FIN.

www.ingramcontent.com/pod-product-compliance
Lightning Source LLC
Chambersburg PA
CBHW051425060726
47596CB00006B/2362